DIE NASE IM WIND

Hunde in voller Fahrt

LÜBBE

Titel der englischen Originalausgabe:
»Dogs Hanging Out Of Windows«

Für die Originalausgabe:

Published by arrangement with Orion Publishing Group Ltd

Für die deutschsprachige Ausgabe:

Übersetzung aus dem Englischen: Ulrike Strerath-Bolz
Einband-/Umschlagmotiv: © Geoff Hardy
Bildnachweis: Andrew Paniwozik: Seite 96/97; Ian Wedlock: Seite 19; iStock: Seite 36, 37, 39, 40/41, 42, 43, 45, 46/47, 48, 49, 50, 51, 52/53, 54, 55, 56/57, 58, 59, 60/61, 62, 63, 64/65, 66/67, 68, 69, 70/71, 72, 73, 76, 77, 80, 81, 82; Gisele dos Santos: Seite 136/137; Kate Smith: Seite 30; Shutterstock.com: Seite 14, 16/17, 24, 31, 34/35, 38, 44, 77/78, 84, 85, 89, 90/91, 92/93, 95, 98/99, 100, 101, 102/103, 104/105, 106, 107, 108/109, 110, 111, 112/113, 116/117, 122/123, 124, 128; William Hartley: Seite 7, 10/11, 12/13, 18, 20, 21, 22, 23, 26/27, 28, 32, 33, 74, 83, 86/87, 94, 114/115, 118, 119, 120/121, 125, 126/127, 130/131, 132/133, 137/138.

Mit besonderem Dank an: Laura Harper: Seite 134; Mid-Hudson Bloodhound Refuge: Seite 135; Nick Hammick: Seite 88; Sally Felton: Seite 29; Sarah Tilley: Seite 129.
Design: © Smith & Gilmour
Gesetzt aus der Bell MT

Printed in China
ISBN 978-3-7857-2531-3

2 4 5 3 1

Sie finden uns im Internet unter: www.luebbe.de
Bitte beachten Sie auch: www.lesejury.de

MIT BESONDEREM DANK
AN UNSERE MITWIRKENDEN:

William Hartley
Nick Hammick
Sally Felton
Laura Harper
Mid-Hudson Bloodhound Refuge
Ian Wedlock
Gisele dos Santos
Andrew Paniwozik

Flatternde Ohren, große Augen und eine bebende Nase: Ein Hund, der aus dem Autofenster schaut, ist immer ein wunderbarer Anblick.

Dieses Buch ist einem schlichten und doch großartigen Vergnügen gewidmet: Hunden in Bewegung, die »hoch auf dem Wagen« durchs Land reisen und sich von einem Schwall Frischluft das Fell aus den Gesichtern wehen lassen. Beiträge aus der ganzen Welt ergeben eine erstaunliche Zusammenstellung von Fotos – vom Labrador im Sonnenuntergang am Lake District über den West Highland White Terrier an der Côte d'Azur bis hin zum Beagle in Brasilien. Diese Bilder werden Ihnen die Augen öffnen.

Die Nase im Wind fängt Augenblicke der Freude und der Neugier ein und zeigt Hunde in allen Gestalten und Größen. Einige sehen lustig aus, andere weise. Manche wirken geradezu wild. Aber ob niedlich, kräftig, erhebend oder herzerwärmend: Diese wunderbaren Bilder zeigen einmal mehr, warum wir für unsere vierbeinigen Gefährten so viel Liebe empfinden.

Mit mehr als fünfundneunzig unglaublich gelungenen Porträts präsentiert diese Sammlung einige der schönsten, lebendigsten Beispiele für die Fotografie unserer Lieblingstiere aus aller Welt. Unsere Fotogalerie zeigt den besten Freund des Menschen in Aktion. Sie wird Ihnen ein Lächeln ins Gesicht zaubern und hoffentlich genauso viel Freude bereiten wie uns.

BOBTAIL Diese großen, kräftigen Hunde brauchen viel Bewegung und einen Besitzer, der bereit ist, einige Zeit in ihre Pflege zu investieren. Ihr dickes, zotteliges Fell kann über Gesicht und Augen wachsen, und ihr Gang ist ein bisschen schlurfend, wie bei einem Bären.

TIBET-TERRIER *(links)* Diese Terrier waren ursprünglich die ständigen Begleiter buddhistischer Mönche in Tibet. Deshalb bekamen sie auch den Beinamen »Heilige Hunde« oder »Glücksbringer«. Sie wurden so hoch geschätzt, dass man sie sogar als »kleine Menschen« titulierte.

SCHWARZER BASSADOR *(rechts)* Diese Rasse ist eine Kreuzung aus Basset und Labrador.

COCKAPOO Der freche Cockapoo streckt uns die Zunge heraus. Diese geselligen Hunde, eine Kreuzung aus Cocker Spaniel und Pudel, sind wunderbare Gefährten. Sie gelten als erste Designerhund-Rasse und wurden erst in den 1960er-Jahren offiziell als Rasse anerkannt.

AIREDALE TERRIER »Ein Airedale Terrier«, hat US-Präsident Theodore Roosevelt einmal gesagt, »kann alles, was andere Hunde auch können. Und wenn es sein muss, kann er es besser.«

BASSET HOUND Mit seinem äußerst empfindlichen Geruchssinn, der nur noch von dem des Bloodhound übertroffen wird, wurde der Basset ursprünglich für die Kaninchen- und Hasenjagd gezüchtet. Von seinem gedrungenen Körperbau darf man sich nicht täuschen lassen: Bassets sind erstaunlich lang und kommen durchaus an Dinge auf einem Tisch heran, die anderen Hunden ähnlicher Höhe unerreichbar bleiben.

SCHWARZER LABRADOR Seit Jahrzehnten führen diese zuverlässigen, klugen und ausdauernden Hunde die Hitlisten der »beliebtesten Hunde« an. Sie sind berühmt für ihre Treue. Früher wurden sie von Fischern als Helfer eingesetzt, heute gelten sie als wunderbare Begleithunde, Jagdhunde – und gute Freunde.

SHIH TZU Der Name bedeutet »Löwenhund« auf Chinesisch. Sie wurden so gezüchtet, dass sie den Löwen in der traditionellen asiatischen Kunst ähnlich sehen, aber in erster Linie sind sie fröhliche, zähe kleine Hunde mit tollen Frisuren. Dies hier ist der fünfjährige Charlee, ein Shih Tzu mit gestromtem Fell. Er lebt in Tennessee.

BERNER SENNENHUND Mit seinem seidigen dreifarbigen Fell und seinem hübschen Gesicht ist der Berner Sennenhund ein schönes, freundliches Tier. Der Name leitet sich von der Stadt Bern in der Schweiz ab, in deren Umland diese Hunde traditionell als Lasttiere für Korbflechter arbeiteten. Hier sehen Sie Tia, bei Sonnenuntergang in Cumbria.

BORDER COLLIE *(links)*
Als fleißiger Landarbeiter mit natürlichem Hüteinstinkt ist der Border Collie für seinen intensiven Blick bekannt, mit dem er eine ganze Schafherde unter Kontrolle hält.

AUSTRALIAN KELPIE *(rechts)* Diese Hunde sind echte Workaholics und immer in Aktion. Sie können Rinder, Ziegen, Geflügel und sogar Rentiere hüten. Allzu schüchtern sollte man als Besitzer eines Kelpies allerdings nicht sein.

BORDER TERRIER Ursprünglich wurden diese fröhlichen, wachsamen Hunde gezüchtet, um bei der Jagd Füchse aufzustöbern. Sie haben eine unerschöpfliche Energie und brauchen einen aktiven Besitzer, der mit ihnen mithalten kann – denn ein gelangweilter Border Terrier hat nur Unsinn im Kopf.

BOXER Boxer sind bekannt für ihren frechen Blick und ihre verschmitzte Art. Sie werden erst mit drei Jahren erwachsen, und auch danach bleiben sie sehr verspielt.

CAVALIER KING CHARLES SPANIEL Er ist der König der Schwanzwedler: Die Züchter achten sehr darauf, dass der Schwanz des Cavalier King Charles Spaniel immer in Bewegung ist, solange sich der Hund bewegt. Der fedrige Schwanz und die dunkelbraunen Augen sorgen auch dafür, dass man diesen freundlichen kleinen Begleithunden unmöglich widerstehen kann.

CAVALIER KING CHARLES SPANIEL Cavaliers wie dieser hier, mit kräftigen kastanienbraunen Abzeichen auf elfenbeinfarbenem Grund, werden auch *Blenheim* genannt. In Blenheim Palace züchtete John Churchill, First Duke of Marlborough, die ersten Vertreter mit dieser speziellen Fellfärbung.

ENGLISH COCKER SPANIEL Dieser sanfte, anschmiegsame Jagdhund ist bekannt für seinen intelligenten, wissenden Blick. Mit stets wedelndem Schwanz und einem fröhlichen Gemüt hat die Rasse den Beinamen »der fröhliche Cocker« wirklich verdient. Dies ist die Hündin Flora.

WEST HIGHLAND WHITE TERRIER Die »Westies« sind die hellen Vettern der schwarzen »Scotties« und begleiten den Menschen schon seit dem 16. Jahrhundert. Das hier ist Millie, die auf eine Ausfahrt im Cabrio wartet und von fernen Abenteuern träumt, bevor es losgeht.

BORDER COLLIE
Der Border Collie Jack genießt eine leichte Brise. Diese aktiven, intelligenten Vierbeiner sind unglaublich talentierte Hütehunde und langweilen sich gar nicht gern. Collie-Besitzer sollten sich auf viele Runden Stöckchenwerfen einstellen.

FRANZÖSISCHER MASTIFF Man nennt sie auch Bordeauxdoggen, und es sind ruhige, freundliche und treue Tiere. Nur sabbern sie leider sehr viel.

GOLDEN RETRIEVER
Diese Hunderasse wurde von Lord Tweedmouth gezüchtet. Sie sind gute Apportierhunde und spielen sehr gern Stöckchenholen.

GORDON SETTER Die Vertreter dieser größten aller Setterarten haben auch eine großartige Persönlichkeit. Gordon Setter brauchen viel Aufmerksamkeit und hängen sehr an ihrem Besitzer – bis ihnen ein interessanter Duft in die Nase steigt: Dann sind sie nämlich sofort auf und davon.

IRISH SETTER Das leuchtend rote Fell machte aus dem ursprünglichen Jagdhund einen beliebten Familiengefährten. Irische Setter sind intelligent, freundlich und durchaus temperamentvoll. Manchmal brauchen sie einen langen Spaziergang, um sich ein wenig abzukühlen.

SCHWARZER LABRADOR So intelligent und gehorsam sie auch sein mögen: Labradore sind schlechte Wachhunde. Sie schlagen zwar sofort an, wenn sie ein unbekanntes Geräusch hören, aber ihr Revierdenken ist nicht sehr ausgeprägt – sie sind einfach zu freundlich. Ein Labrador kennt keine unerwünschten Besucher.

BULLDOGGE »Leg dich bloß nicht mit mir an!« Englische Bulldoggen werden mit kräftigem Körper und großen Köpfen gezüchtet, aber diese Eigenschaften können auch zum Problem werden: Mehr als achtzig Prozent aller Bulldoggen kommen durch einen Kaiserschnitt zur Welt.

CHIHUAHUA-MIX
Chihuahuas verkriechen sich gern an einem sicheren Ort oder in Höhlen. Dieser Mischling genießt aber noch viel mehr den Augenblick an der frischen Luft.

GOLDEN RETRIEVER Geliebte Meeresluft! Unser junger Fahrgast genießt den Ausflug an den Strand.

PUDEL Was für ein schönes, faules Leben – hier fühlt sich jemand pudelwohl.

ZWERGPINSCHER Stattlicher Auftritt auf der Autobahn. Der Zwergpinscher, auch als »König der Spielzeughunde« bekannt, füllt seine kleine Gestalt mit großer Haltung.

DALMATINER
Durch den Disney-Film *101 Dalmatiner* wurde diese Rasse weltberühmt. Ursprünglich wurden Dalmatiner gezüchtet, um neben Kutschen herzulaufen und den Fahrzeugen reisender Adeliger mehr Glamour zu verleihen.

DEUTSCHER SCHÄFERHUND
Ganz im Rausch der Geschwindigkeit genießt dieser Deutsche Schäferhund die schnelle Fahrt.

GOLDEN-RETRIEVER-MIX
Er hat sein Königreich fest im Blick. Sein Markenzeichen sind die klugen braunen Augen, die vor Intelligenz sprühen.

BEAGLE Der Beagle ist gesellig, mutig und intelligent. Er hat einen ausgeprägten Jagdinstinkt und streckt den Schwanz nach oben, sobald er einer Fährte folgt. Dann lässt er sein typisches Heulen hören. Mit Haustieren anderer Arten sollte man diesen passionierten Jäger nicht unbedingt allein lassen.

Auf den kurvigen Straßen von Hawaii: Dieser Hund genießt die üppig grüne Landschaft der Insel Maui.

DEUTSCHER-
JAGDTERRIER-MIX
Terrier buddeln gern und sind so voller Energie, dass sie am liebsten immer in Bewegung bleiben. Dieser hier genießt das schnelle Tempo einer Autofahrt.

BEAGLE
Einer der berühmtesten Hunde der Welt ist ein Beagle: Snoopy. Reinrassige Beagles müssen eine weiße Schwanzspitze haben, damit der Jäger die Hunde gut erkennt, wenn sie mit gesenktem Kopf einer Fährte folgen.

DOBERMANN
Mit heraushängender Zunge ist dieser Dobermann ganz auf Entspannung eingestellt. Dobermänner werden oft falsch beurteilt. Sie können zwar grimmige, scharfe Wachhunde sein, aber im Grunde genommen haben sie ein butterweiches Herz.

RAUHAARDACKEL Die buschigen Augenbrauen und das Bärtchen am Kinn verleihen dem Rauhaardackel immer das Aussehen eines weisen alten Försters. Diese Hunde haben zwar kurze Beine, aber eine große Persönlichkeit und eine überraschend tiefe Stimme.

Zeit für einen Ausflug an den Strand! Die kleine weiße Schönheit mit dem entspannten Surfer-Look hat Lust auf ein paar Sonnenstrahlen.

YORKSHIRE TERRIER
Der Yorkie ist eine der beliebtesten Schoßhunde-Rassen. Aber lassen Sie sich von der kleinen Statur nicht täuschen: Dahinter verbirgt sich ein großartiger, furchtloser Charakter. Dem geben sie auch gern mit Gebell Ausdruck, was ihnen den Ruf eingetragen hat, kleine Kläffer zu sein.

Klarer Blick unter blauem Himmel. Dieser Vierbeiner genießt die knackige Winterluft an einem See in Colorado.

BORDER-COLLIE-MIX Wie schön ist doch die Abendsonne! Diese Hütehunde sind nach jüngsten Studien die intelligentesten Hunde überhaupt.

GOLDEN RETRIEVER segelt im Herbstwind.

Ein Mischling ist mit der Sportbrille auf der Nase unterwegs an einem kalten Frühlingstag in Frankfurt. Eine Brillenpflicht gibt es aber noch nicht.

BEAGLE Pure Seligkeit auf grünen Wiesen unter einem blauen Himmel.

GRIFFON NIVERNAIS Was gibt es an einem heißen Tag Schöneres als eine Cabrio-Tour! Die Söckchen sollen Kratzer auf dem kostbaren Blech verhindern. Der Griffon Nivernais ist eine der ältesten Jagdhunderassen Frankreichs; diese Hunde waren die Lieblinge von König Ludwig IX.

SCHWARZER-LABRADOR-MIX Chill-out im Retro- Camper auf kalifornische Art.

PIT BULL Der Pit Bull gilt heute als aggressiver Kampfhund, aber schuld daran ist oft ein verantwortungsloser Besitzer. In einigen Ländern ist die Haltung von Pit Bulls sogar verboten oder zumindest eingeschränkt.

CHIHUAHUA-COLLIE-MIX
Volle Aufmerksamkeit, und los geht die Fahrt!

ENGLISCHE BULLDOGGE
Wie ihre französischen Verwandten sind auch die Englischen Bulldoggen entspannte Zeitgenossen, die sehr gern ein Nickerchen auf dem Schoß des Besitzers halten. Kaum zu glauben, dass diese Hunde früher hauptsächlich für den Kampf gegen Stiere gezüchtet wurden.

ENGLISH SPRINGER SPANIEL Was für ein Hundeleben! Der English Springer Spaniel ist eine liebenswerte Rasse, wie man auch an diesem freundlichen Gesellen auf Landpartie sehen kann.

CHIHUAHUA Ein schmuckes Tier! Der Chihuahua ist der kleinste Hund der Welt; ein Welpe passt leicht in eine Hand oder eine Teetasse.

Mit Kennerblick schaut dieser Hund wachsam aus dem Fenster.

LABRADOR Ein schokoladenbrauner Labrador blickt nach einem schönen, langen Spaziergang am Lake District hechelnd in den Sonnenuntergang.

GOLDEN-RETRIEVER-MIX
Was für eine herrliche Fahrt!

WEST HIGHLAND WHITE TERRIER Ein besonders vornehmer Westie lässt sich den Wind durch die Haare wehen. Das Foto wurde ja auch in Cannes an der südfranzösischen Côte d'Azur aufgenommen.

CIOBĂNESC ROMÂNESC MIORITIC
Rumänische Hirtenhunde sind freundliche Riesen, ihrem Herrn treu ergeben und Wach- und Begleithunde aus Leidenschaft. Dieser Outdoor-Liebhaber grüßt aus dem Karpatengebirge.

DÄNISCHE DOGGE Ist der groß!
Die Dänische Dogge ist eine der größten Hunderassen der Welt. Aber sie ist alles andere als aggressiv, sondern vielmehr ausgesprochen anschmiegsam und zärtlich. Man nennt sie deswegen auch »den größten Schoßhund der Welt«.

SCHOKOLADENBRAUNER LABRADOR
Die kakaofarbene Variante des schwarzen Labrador ist ein ebenso freundlicher Begleiter, hat aber immer Appetit. Passen Sie also auf, wie viele Leckerli so ein »Schokoladenhund« im Laufe eines Tages erbeutet.

JAGDHUND *(links)* und WEIMARANER *(rechts)* Zwei Freunde genießen ein Sonnenbad. Jagdhunde haben einen besonders ausgeprägten Geruchssinn und apportieren ihre Beute vorsichtig im Maul. Der Weimaraner hat wegen seines ätherisch-grauen Fells auch den Spitznamen »silberner Geist«.

JACK-RUSSELL-BORDER-MIX
Den Wind in den Haaren, die Sonne auf dem Rücken und vor uns nur die weite, offene Straße … Darf ich vorstellen: Midge.

JACK RUSSELL Garantierte Zufriedenheit: Die fröhlichen, furchtlosen Jack Russells sind berühmt für ihre Energie, ihren Schwung und ihre Zähigkeit. Sie sind Jagdhunde durch und durch, und so verfolgen sie fast jedes Lebewesen, das sie erblicken.

ZWERGSPITZ Ein Fellknäuel mit langem, glattem Fell und weicher, dicker Unterwolle – der Pomeranian, wie der Zwergspitz auch genannt wird, ist ein quietschvergnügter Spielgefährte. Aber Achtung: Manche Spitze meinen, sie müssten ihr possierliches Äußeres durch besonders häufiges und lautes Bellen ausgleichen.

NEUFUNDLÄNDER Noch ein »sanfter Riese«: So groß sie auch sind, Neufundländer haben ein sehr freundliches Temperament, sind unglaublich treu und können gut mit Kindern umgehen. Kein Wunder, dass der Rasse mit Nana, dem tierischen Kindermädchen aus dem Buch *Peter Pan*, ein Denkmal gesetzt worden ist!

Dieser Mischlingshund lebt auf einem Bauernhof und hat großen Spaß an einer Tour über »sein« Land.

DEUTSCH DRAHTHAAR
Die bärtigen Gesellen sind stark, verlässlich und manchmal sehr eigensinnig. Das hier ist Brian.

SCHWARZER LABRADOR
Ein echtes Stadtgewächs: Labradore sind ausgesprochen gehorsame Hunde; mit ihrer Intelligenz und Achtsamkeit können sie für fast jede Aufgabe ausgebildet werden.

MOPS hoch zwei. Die kleinen Hunde mit den melancholischen Gesichtern waren die Lieblingshunde der englischen Königin Victoria. Der Maler William Hogarth war ebenfalls ein großer Freund dieser Hunderasse – sogar auf einem seiner Selbstporträts ist ein Mops an seiner Seite zu sehen.

COCKER SPANIEL »Sind wir bald da?« Die stolze Mama und ihre Welpen brauchen eine Pause.

CAIRN TERRIER Durch *Der Zauberer von Oz* wurde diese Hunderasse weltberühmt, denn Toto ist ein Cairn Terrier. Und auch für diesen kleinen Kerl aus Santa Barbara gilt: Es ist nirgendwo so schön wie daheim.

SHIH TZU Diese lebhaften, fröhlichen kleinen Hunde sind vermutlich eine Kreuzung aus Lhasa Apso und Pekinesen.

DEUTSCHER SCHÄFERHUND Diese unglaublich tüchtigen, intelligenten Hunde arbeiten als Rettungs- und Spürhunde bei der Polizei und beim Militär, aber auch als Begleithunde für Menschen mit Behinderung. Doch jeder fleißige Mitarbeiter braucht mal eine Pause – so wie dieser Vierbeiner, der im roten Cabrio die Weite genießt.

BEAGLE Träume unter blauem Himmel. Beagles sind besonders sanft und friedlich – aber sie sind auch Jagdhunde, und sie vergessen alles um sich herum, wenn sie eine Fährte verfolgen. Dieser hier hat wohl gerade den Duft des großen Glücks in der Nase.

LHASA APSO
So schmecken Freiheit, große Begeisterung und frische Luft …

LABRADOR RETRIEVER
Der wunderbare Labrador gehört in vielen Ländern zu den beliebtesten Hunderassen. Ursprünglich als Arbeitshund für die Jagd gezüchtet, wird er heute als fantastischer Begleithund und Rettungshund eingesetzt. Aber er ist auch einfach so ein liebenswerter, treuer Freund.

SHIH-TZU-MIX
»Schneller, schneller!«, scheint dieser Mitfahrer zu rufen. Kleiner Hund auf wilder Fahrt.

IRISH SETTER Die »roten Hunde« sind sehr engagiert und brauchen viel Beschäftigung. Ursprünglich wurden sie als Jagdhunde gezüchtet, heute sind sie eher als begeisterte, lebhafte Gefährten mit ihren Menschen unterwegs.

PUDEL Im coolen Wochenend-Look posiert dieser junge Pudel geschniegelt und frisiert vor der Kamera. Der Pudel ist eine elegante, beeindruckende Hunderasse, die bei Ausstellungen immer wieder die ersten Preise einheimst. Hinter all dem Glamour verbirgt sich aber vor allem ein kluger Familienhund.

SAMOJEDE

Als Schlitten- und Hütehunde der Rentierzüchter stammen die Samojeden aus den eisigen Weiten Sibiriens. Sie sind perfekte Kameraden für Kinder. Ihrer verspielten Art und ihrem fröhlichen Gesichtsausdruck verdanken sie den englischen Spitznamen »Sammie Smile«.

WEIMARANER-MIX Weimaraner sind ganz besonders auf den Menschen bezogen. Sie sind sehr feurige, aber auch pflegeaufwendige Hunde, die viel Schaden an Schuhen und Möbeln anrichten können, wenn sie nicht genug Bewegung und Beschäftigung bekommen.

STAFFORDSHIRE BULLTERRIER Doppelbilder … Der »Staffie« kann seine Abstammung von Kampfhunden nicht verleugnen; er ist robust, treu und sehr eigensinnig. Aber diese mutige Hunderasse hat sich vom Kämpfer zum menschenfreundlichen Begleiter entwickelt.

SEGUGIO ITALIANO
Viva la vita! Dieser italienische Jagdhund hat herausgefunden, dass lange Ohren wunderbare Segel sein können.

COLLIE-SPRINGER-MIX
Ein Sprollie … Als Mix aus Border Collie und Springer Spaniel sind diese Hunde gesellig, wachsam und sehr aktiv. Wenn Sie Glück haben, ist Ihrer auch leicht zu trainieren.

MALTESER Mach schön Sitz!
Der Malteser ist ein sehr beliebter Schoßhund und lebt von Liebe und Zärtlichkeit. Aber täuschen Sie sich nicht: Unter dem strahlend weißen Fell verbirgt sich ein wahres Energiebündel. Bei Agility-Wettbewerben gehören diese Hunde oft zu den Siegern.

JACK RUSSELL Der Jack Russell Terrier wurde gezüchtet, um Füchse aus ihrem Bau aufzuscheuchen, und so sind diese Hunde bis heute mit hoher Intelligenz und jeder Menge Energie ausgestattet. Deswegen brauchen sie auch sehr viel Training, wenn sie gehorchen sollen. Das hier ist Tilly.

WHIPPET Bis zum Horizont! Mit ihrem unglaublichen Tempo sind diese kleinen Windhunde die besten Freunde des Jägers und außerdem auch große Rennhunde. Aber sie sind auch ganz zufrieden, wenn sie einfach mal entspannen können – und andere sie mit Hochgeschwindigkeit durch die Gegend befördern.

STAFFORDSHIRE BULLTERRIER

Wie der Amerikanische Pit Bull gelten auch diese Tiere als Kampfhunde. Sie wurden ursprünglich für den Kampf gegen Stiere gezüchtet, sind aber sehr klug und liebevoll. Und wenn sie nicht genug Aufmerksamkeit von ihrem Menschen bekommen, machen sie sich sofort große Sorgen – wie dieser hier.

BULLDOGGE

Bloß die Haltung bewahren! Die Bulldogge ist robust, ruhig und immer ein bisschen würdevoll. Als unkomplizierter, liebevoller Begleiter ist sie ein fester Bestandteil der britischen Identität – und so sieht sie auch aus.

PUDEL Neugierig hat sich dieser Pudel zur vollen Größe aufgerichtet. Wenn man ihn so perfekt frisiert anschaut, glaubt man kaum, dass Pudel ursprünglich für die Jagd auf Wasservögel eingesetzt wurden. Der Name stammt von dem germanischen Wort »pudelin«, was so viel heißt wie »ins Wasser springen«.

BORDER COLLIE
Collies sind die athletischen Arbeitsfanatiker unter den Hunden. Sie verlangen viel mentale und physische Bewegung – da muss man erst mal mithalten können! Das hier ist Cathy.

COCKER SPANIEL
Mit seinem schimmernden Fell, dem liebenswerten Temperament und den charakteristischen Ohren ist der Cocker Spaniel nicht nur eine der beliebtesten Hunderassen, sondern heimst auch auf Ausstellungen immer wieder Preise ein.

FRANZÖSISCHE BULLDOGGE
Die »Frenchies« wurden im 19. Jahrhundert von Spitzenklöpplerinnen gezüchtet, zuerst in England, später auch in Frankreich. Sie sind verspielte Komiker, die gern jede Menge Blödsinn machen.

Hier schaut sich Roscoe die Landschaft an, bereit, mitten hinein zu springen.

SPRINGER SPANIEL Der Springer ist ein begeisterungsfähiger Hund, der alles daransetzt, dem Menschen Freude zu machen. Dieser Welpe düst gerade durch englische Landschaften.

LURCHER *(links)* und JACK-RUSSELL-MIX *(rechts)* Der schnellste Weg zum Herzen eines Lurchers (einer Mischung aus Windhund und Hirtenhund oder Terrier) führt über Aufmerksamkeit und Futter. Die Liebe eines Jack Russell sichert man sich, indem man ihn ununterbrochen beschäftigt.

BORDER TERRIER
Haltet ihn! Der kleine Terrier namens Frank ist nur zu gern auf Reisen.

BLOODHOUND
In Frankreich werden sie auch *Sankt-Hubertus-Hunde* genannt. Ihre Markenzeichen sind das faltige Gesicht, Hängeohren, Triefaugen und ein erstaunlicher Geruchssinn. Hier sehen Sie Madison und Guinness aus dem Mid-Hudson Bloodhound Refuge.

BEAGLE Ein glücklicher Reisender auf dem Weg nach Itá City im brasilianischen Bundesstaat Santa Catarina. Er heißt Jack und ist vier Jahre alt. Und aus gutem Grund trägt er einen speziellen Sicherheitsgurt für Hunde.

IRISH SOFT COATED WHEATEN TERRIER Früher nannte man ihn den »Wolfshund für Arme«, aber tatsächlich ist der Wheaten Terrier reich an Fähigkeiten. In Irland wurde er als Wachhund und beim Viehhüten eingesetzt; heute nehmen die Hunde häufig an Agility-, Gehorsams- und Fährten-Wettbewerben teil.

MITREISENDE

SEITE 9
Bobtail

SEITEN 16–17
Basset Hound

SEITE 21
Border Collie;
Australian Kelpie

SEITEN 26–27
Cavalier King Charles
Spaniel

SEITE 31
Französischer Mastiff

SEITEN 10–11
Tibet-Terrier;
Schwarzer Bassador

SEITE 18
Schwarzer Labrador

SEITE 22
Border Terrier

SEITE 28
Englischer Cocker
Spaniel

SEITE 32
Golden Retriever

SEITE 12–13
Cockapoo

SEITE 19
Shih Tzu

SEITE 23
Boxer

SEITE 29
West Highland
White Terrier

SEITE 33
Gordon Setter

SEITE 14–15
Airedale Terrier

SEITE 20
Berner Sennenhund

SEITEN 24–25
Cavalier King Charles
Spaniel

SEITE 30
Border Collie

SEITEN 34–35
Irish Setter

SEITE 36
Schwarzer Labrador

SEITE 37
Bulldogge

SEITE 38
Golden Retriever

SEITE 39
Chihuahua-Mix

SEITEN 40–41
Pudel

SEITE 42
Zwergpinscher

SEITE 43
Dalmatiner

SEITE 44
Golden-Retriever-Mix

SEITE 45
Deutscher Schäferhund

SEITEN 46–47
Beagle

SEITE 48

SEITE 49
Deutscher-Jagdterrier-Mix

SEITE 50
Beagle

SEITE 51
Dobermann

SEITEN 52–53
Rauhaardackel

SEITE 54

SEITE 55
Yorkshire Terrier

SEITEN 56–57

SEITE 58
Golden Retriever

SEITE 59
Border-Collie-Mix

SEITEN 60–61
Mischling

SEITEN 66–67
Pit Bull

SEITE 72
Chihuahua

SEITE 77
West Highland White Terrier

Seite 82
Jagdhund; Weimaraner

SEITE 62
Griffon Nivernais

SEITE 68
Chihuahua-Collie-Mix

SEITE 73

SEITEN 78–79
Ciobănesc Românesc Mioritic

SEITE 83
Jack-Russell-Border-Mix

SEITE 63
Beagle

SEITE 69
Englische Bulldogge

SEITE 74–75
Labrador

SEITE 80
Dänische Dogge

SEITE 84
Jack Russell

SEITEN 64–65
Schwarzer-Labrador-Mix

SEITEN 70–71
English Springer Spaniel

SEITE 76
Golden-Retriever-Mix

SEITE 81
Schokoladenbrauner Labrador

SEITE 85
Zwergspitz

SEITEN 86–87
Neufundländer

SEITEN 92–93
Möpse

SEITEN 98–99
Deutscher Schäferhund

SEITE 104–105
Shih-Tzu-Mix

SEITE 110
Weimaraner-Mix

SEITE 88
Deutsch Drahthaar

SEITE 94
Cocker Spaniel

SEITE 100
Beagle

SEITE 106
Irish Setter

SEITE 111
Staffordshire Bullterrier

SEITE 89

SEITE 95
Cairn Terrier

SEITE 101
Lhasa Apso

SEITE 107
Pudel

SEITEN 112–113
Segugio Italiano

SEITEN 90–91
Schwarzer Labrador

SEITEN 96–97
Shih Tzu

SEITEN 102–103
Labrador Retriever

SEITEN 108–109
Samojede

SEITEN 114–115
Collie-Springer-Mix

SEITEN 116–117
Malteser

SEITE 118
Jack Russell

SEITE 119
Whippet

SEITEN 120–121
Staffordshire
Bullterrier

SEITEN 122–123
Bulldogge

SEITE 124
Pudel

SEITE 125
Border Collie

SEITEN 126–127
Cocker Spaniel

SEITE 128
Französische
Bulldogge

SEITE 129
Roscoe

SEITEN 130–131
Springer Spaniel

SEITEN 132–133
Lurcher;
Jack-Russell-Mix

SEITE 134
Border Terrier

SEITE 135
Bloodhound

SEITEN 136–137
Beagle

SEITEN 138–139
Irish Soft Coated
Wheaten Terrier